Tradiciones culturales en

Sudáfrica

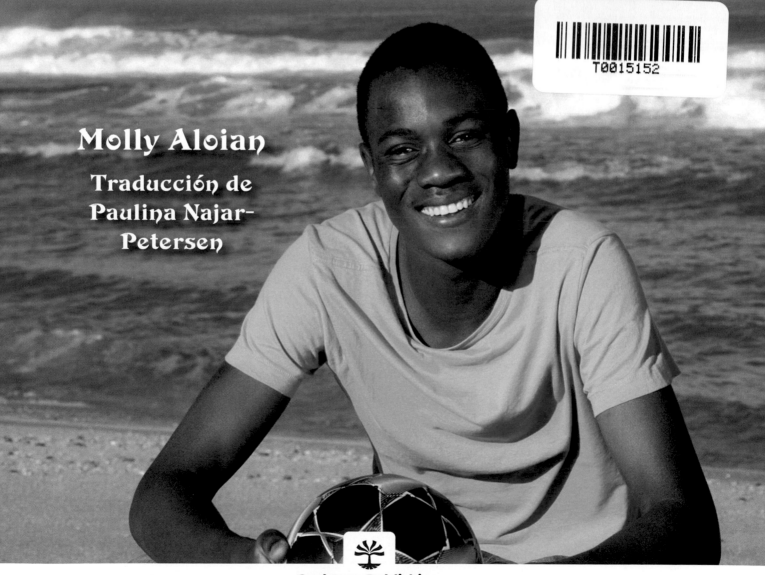

Molly Aloian

Traducción de
Paulina Najar-
Petersen

Crabtree Publishing
crabtreebooks.com

Crabtree Publishing

crabtreebooks.com   800-387-7650
Copyright © 2024 Crabtree Publishing

Author: Molly Aloian
Publishing plan research and development:
    Reagan Miller
Project coordinator: Kathy Middleton
Editor: Kelly Spence
Proofreaders: Marcia Abramson, Wendy Scavuzzo
Translation to Spanish: Paulina Najar-Petersen
Spanish-language copyediting and proofreading: Base Tres
Design: Tibor Choleva
Photo research: Melissa McClellan
Production coordinator and prepress technician:
    Tammy McGarr
Print coordinator: Margaret Amy Salter

Produced and Designed by BlueAppleWorks Inc.

Cover: Traditional South African costume (center); Protea, South African flowering plant (upper left); Elephant (lower left); Elands Fig (upper right); Blue Crane Bird (middle right); Wooden bongos (lower right); samosa (bottom middle)

Title page: African American Man with football on Table Mountain beach

Published in Canada
Crabtree Publishing
616 Welland Avenue
St. Catharines, Ontario
L2M 5V6

Published in the United States Crabtree Publishing
347 Fifth Avenue
Suite 1402-145
New York, NY 10016

Paperback   978-1-0396-4421-2
Ebook (pdf) 978-1-0396-4381-9

Printed in Canada/122023/CP20231205

ÍNDICE

Bienvenido a Sudáfrica. **4**

Vivir separados **6**

La nación arcoíris **8**

Año Nuevo. **10**

Día de los Derechos Humanos. . . . **12**

Pascua y el Día de la Familia **14**

Día de la Libertad **16**

Día de la Juventud **18**

Día de los Trabajadores. **20**

Festival de Arte de Grahamstown. . **22**

Día Nacional de las Mujeres. **24**

Día del Patrimonio. **26**

Día de la Reconciliación. **28**

Navidad y el Día de la Buena
    Voluntad **30**

Glosario e índice analítico **32**

Bienvenido a Sudáfrica

Más de 52 millones de personas viven en Sudáfrica, un país en el extremo sur de África. Sudáfrica es un país vibrante, con 11 lenguas oficiales que representan a los distintos grupos culturales que viven ahí. Sin embargo, la gente de Sudáfrica ha pasado por una larga y compleja historia para convertirse en la nación **multicultural** que es hoy.

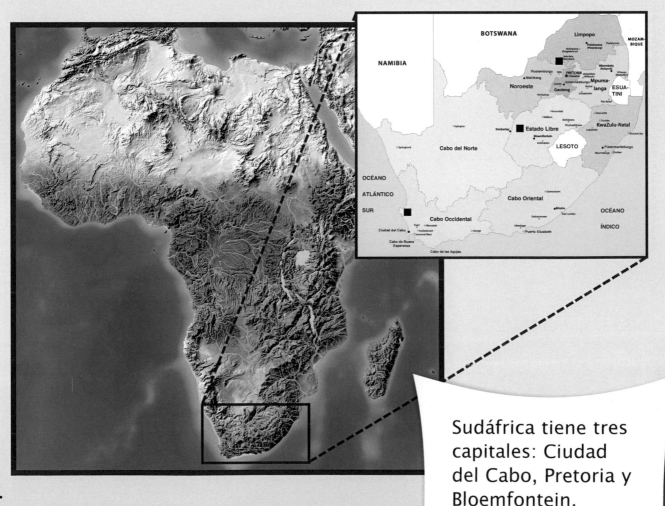

Sudáfrica tiene tres capitales: Ciudad del Cabo, Pretoria y Bloemfontein.

Las tradiciones culturales son los días de fiesta, festivales, días especiales y costumbres que un grupo de personas celebra. Muchos de los días de fiesta de Sudáfrica son para recordar un momento importante en la historia del país. Otros son celebraciones religiosas o para reconocer las aportaciones de una persona o grupo de personas.

¿Sabías qué?
La mayoría de los sudafricanos pueden hablar dos o más lenguas. Las lenguas oficiales del país son: afrikáans, inglés, ndebele, sotho del norte, sotho, suazi, tswana, tsonga, venda, xhosa y zulú.

En Sudáfrica hay mucha gente de muchas culturas. No ha sido fácil, pero han aprendido a celebrarse unos a otros.

Vivir separados

Antes, la gente de Sudáfrica vivía separada según su **raza**. A esto se le llamó **apartheid** o segregación racial. La gente de raza negra y la de raza mixta era forzada a vivir separada de la gente de raza blanca. A la gente de raza negra no se les permitía trabajar, ir a la escuela, viajar o hacer deportes con gente de raza blanca. No tenían los mismos **derechos humanos** y libertades que la gente blanca. El apartheid terminó en 1994. Hoy en día, los africanos de todos los colores de piel tienen las mismas oportunidades.

Actualmente, en Sudáfrica todas las personas comparten por igual las mismas actividades, escuelas y autobuses.

BLANKES
WHITES

NIE – BLANKES
NON – WHITES

Your ticket to the museum has
randomly classified you as either
'white' or 'non-white'. Please use the
entrance to the museum indicated on
the front of your ticket.

RACE CLASSIFICATION

¿Sabías qué?
Después de que terminó el apartheid en 1994, el nuevo gobierno decidió cambiar las fiestas nacionales por otras nuevas que reflejaran la nueva identidad de Sudáfrica como una nación con las mismas oportunidades para toda su gente.

El apartheid es ahora parte de la historia. Las personas de todas las razas aprenden de ella visitando el Museo del Apartheid en Johannesburgo.

7

La nación arcoíris

El arcoíris de culturas de Sudáfrica incluye africanos nativos y personas que llegaron de otros países. Colonias de personas de raza blanca, incluidos afrikáneres y británicos, llevaron muchas tradiciones a Sudáfrica durante la época **colonial**. Ahora, personas de todas las razas celebran muchas de las mismas tradiciones como una sola nación.

¿Sabías qué?
A Sudáfrica se le ha puesto el sobrenombre de «la nación arcoíris» por su mezcla única de distintos grupos culturales.

Mujeres xhosa cantan y realizan un baile tradicional.

Muchos grupos étnicos como los zulú y los xhosa continúan celebrando la cultura de sus **ancestros** a través de música, rituales, danza y otras formas de arte. Esta vibrante mezcla de nuevas y viejas culturas hace de Sudáfrica uno de los países más multiculturales del mundo.

¿Sabías qué?
Los zulú son el grupo étnico más grande de Sudáfrica. Zulú significa «gente del cielo».

Año Nuevo

Muchos sudafricanos celebran el inicio del año el 1 de enero. La gente tiene el día libre en el trabajo y la escuela. Normalmente, las celebraciones de Año Nuevo se llevan a cabo al aire libre porque el mes de enero en Sudáfrica cae en medio del verano. Amigos y familiares se reúnen la noche del 31 de diciembre y hacen la cuenta regresiva para el fin del año. Una gran celebración de Año Nuevo tiene lugar al pie de la Montaña de la Mesa, una famosa montaña desde la que se ve Ciudad del Cabo. Más de 80 000 personas se reúnen para disfrutar de los fuegos artificiales y los festivales callejeros.

¿Sabías qué?
En Ciudad del Cabo mucha gente también celebra el día después del Año Nuevo. A este día le llaman *Tweede Nuwe Jaar* o «el segundo Año Nuevo». La gente celebra con espectáculos musicales y se viste con disfraces.

La Montaña de la Mesa se llama así por la forma que tiene: la cima de la montaña es plana como una mesa.

Día de los Derechos Humanos

El 21 de marzo es un día importante en Sudáfrica. Es el Día de los Derechos Humanos. Este día, en el año de 1960, ocurrió algo terrible. Afuera de una estación de policía, en el pueblo de Sharpeville, la policía mató a 69 hombres de raza negra y dejó gravemente heridos a 180 más. La gente hacía una **protesta** pacífica en contra de las leyes del apartheid, que consideraban injustas.

El Día de los Derechos Humanos, los parientes de las víctimas de la masacre de Sharpeville de 1960 se reúnen en los cementerios para recordarlas.

En Sudáfrica, ahora los niños de todas las razas pueden ir a la misma escuela. Esta es una de las libertades que ganaron los que pelearon por los derechos humanos.

Durante el Día de los Derechos Humanos, los sudafricanos recuerdan y rinden homenaje a las personas fallecidas y heridas en Sharpeville. Es un día para que todos los sudafricanos recuerden a los que sufrieron y perdieron la vida luchando para terminar con el apartheid.

¿Sabías qué?
Los nombres de los niños, mujeres y hombres que murieron en Sharpeville están escritos en una placa especial afuera de la estación de policía de Sharpeville.

Pascua y el Día de la Familia

La Pascua normalmente se celebra en marzo o abril. En Pascua, los cristianos recuerdan la muerte y **resurrección** de Jesucristo. Los sudafricanos la celebran con un banquete especial. Durante el domingo de Pascua, una gran búsqueda de huevos se lleva a cabo en la Montaña de la Mesa de Ciudad del Cabo.

Muchas familias sudafricanas hacen caminatas o pasean en canoas durante el largo fin de semana de Pascua.

En Sudáfrica, mucha gente comenzó a tomarse un día libre extra en el trabajo después de Pascua. A este día le llamaban Lunes de Pascua, pero en 1995 se le cambió el nombre a Día de la Familia. El Día de la Familia, la gente no va al trabajo o la escuela para poder pasar tiempo de calidad con amigos y familiares. Normalmente organizan asados, juegos y hacen manualidades juntos. Algunos salen de vacaciones durante este fin de semana largo.

¿Sabías qué?
Una tradición sudafricana es comer pescado encurtido el Viernes Santo. El Viernes Santo es un día de fiesta cristiano que se celebra dos días antes de Pascua.

Estos niños juegan al aire libre durante las vacaciones de Pascua.

Los bollos cruzados calientes son una comida popular del domingo de Pascua.

15

Día de la Libertad

El 27 de abril, los sudafricanos celebran el Día de la Libertad. Este día en 1994, por primera vez les fue permitido votar a todos los sudafricanos, incluyendo a aquellos de raza negra y a los mestizos. Fue la primera elección **democrática** de Sudáfrica.

La gente hace una fila para votar. El voto permite que todos los ciudadanos puedan elegir quién los representará en el gobierno.

¿Sabías qué?
En 1993, Nelson Mandela ganó el Premio Nobel de la Paz, junto con el presidente sudafricano F. W. de Klerk, por su trabajo para acabar de forma pacífica con el apartheid.

El Día de la Libertad hay toda clase de eventos sociales en todo el país, incluyendo discursos y ceremonias. La gente recuerda y rinde homenaje a aquellos que lucharon por su libertad y la libertad de los demás.

En 1994, los sudafricanos eligieron a Nelson Mandela como presidente. Fue el primer presidente de raza negra de Sudáfrica. Fue presidente hasta 1999.

Día de la Juventud

El 16 de junio de cada año, los sudafricanos celebran el Día de la Juventud. Este día recuerda los trágicos eventos que sucedieron en una zona llamada Soweto en 1976. En Soweto, la policía mató a cientos de jóvenes estudiantes de raza negra que protestaban en las calles. Los estudiantes se manifestaban contra el uso del afrikáans y del inglés en las escuelas a las que asistían estudiantes de raza negra, ya que ellos querían hablar sus lenguas tradicionales.

Los niños sudafricanos ahora pueden estudiar en su lengua nativa.

El Día de la Juventud, la gente de Soweto deja flores en el monumento a Hector Pieterson. Hector Pieterson fue uno de los primeros jóvenes a los que dispararon en las protestas de Soweto en 1976.

Durante este día, los sudafricanos recuerdan lo importantes que son los jóvenes y cómo protegerlos de la violencia. También celebran el fin del injusto gobierno del apartheid. Participan en marchas, hacen carteles y cantan.

¿Sabías qué?
El coro de góspel de Soweto es un grupo de canto sudafricano que se formó en 2002 y se presenta en todo el mundo. Recibieron el premio Grammy en 2007.

Día de los Trabajadores

El Día de los Trabajadores es dedicado por los sudafricanos a respetar y rendir homenaje al importante papel de los trabajadores. Antes, los sudafricanos tenían que trabajar muy duro y por muchas horas, y algunas veces no recibían un salario justo. Mucha gente también trabajaba en malas condiciones y sentían que no tenían derechos. La gente comenzó a pedir mejores salarios y mejores condiciones de trabajo, así que comenzaron a pedir más derechos para los trabajadores.

¿Sabías qué? Sudáfrica es uno de los cerca de 80 países del mundo que celebran el 1 de mayo las contribuciones de los trabajadores.

Los trabajadores sudafricanos han realizado muchas marchas y protestas para pedir condiciones justas de trabajo.

Esta celebración tiene una importancia especial en Sudáfrica debido a las contribuciones de los trabajadores a las protestas contra el apartheid.

Actualmente, el 1 de mayo es un día para celebrar los logros de los trabajadores y su lucha por conseguir mejores condiciones de trabajo.

Festival de Arte de Gahamstown

Este festival anual que se celebra desde 1976 es uno de los más grandes y coloridos festivales de arte y cultura de África. Durante diez días en julio, gente de todas las razas se reúne para disfrutar del arte, la danza y la música. Turistas de todo el país y del mundo viajan a Grahamstown para participar en este importante evento cultural.

Estas mujeres hacen un baile tradicional zulú. En el festival de Grahamstown, los eventos se llevan a cabo en varios idiomas, incluyendo afrikáans, zulú y xhosa.

22

Durante el festival de Grahamstown, los visitantes pueden ver a los artistas trabajando.

Mucha gente asiste al festival para ver cómo en el arte, la danza y la música se reflejan los cambios sociales y culturales que se dieron en Sudáfrica después de que el apartheid terminó. También se entregan premios a la creatividad musical, y en el teatro, la danza, el jazz y las artes visuales.

Día Nacional de las Mujeres

El 9 de agosto de cada año los sudafricanos celebran el Día Nacional de las Mujeres. La gente conmemora a las miles de mujeres de todo el país que en 1956 organizaron una enorme marcha para protestar contra las leyes del gobierno del apartheid.

Estas mujeres sudafricanas están celebrando en uno de los muchos eventos que se llevan a cabo durante el Día Nacional de las Mujeres.

Ahora, las mujeres sudafricanas pueden elegir una carrera moderna o una vida tradicional.

El Día Nacional de las Mujeres, los sudafricanos celebran la fuerza y determinación de las mujeres. La gente da discursos y organiza ceremonias especiales en donde se destaca la importancia del papel de las mujeres en Sudáfrica. Las mujeres jóvenes hablan con sus madres, hermanas, tías y otras mujeres sobre cómo pueden contribuir a la cultura y sociedad sudafricanas.

¿Sabías qué?
Más de 20 000 mujeres marcharon en protesta hacia los Edificios de la Unión en Pretoria el 9 de agosto de 1956.

Día del Patrimonio

El 24 de septiembre de cada año, los sudafricanos celebran su cultura y su **patrimonio** únicos. Los sudafricanos están convencidos de que sus grupos culturales **diversos** ayudan al crecimiento y fortaleza del país. Están orgullosos de la diversidad de la población del país y la celebran el Día del Patrimonio.

El Día del Patrimonio, los estudiantes aprenden sobre sus antepasados, y se enorgullecen de sus diferentes culturas.

¿Sabías qué?
La bandera sudafricana tiene seis colores: verde, negro, amarillo, rojo, blanco y azul. Es la única bandera en el mundo que tiene tantos colores.

Una celebración tradicional del Día del Patrimonio incluye reuniones familiares y con amigos y vecinos en las que se preparan asados. En afrikáans, la palabra *braai* significa asado o parrillada. Un *braai* reúne a la gente para disfrutar de un pescado o carne a la parrilla. Algunas personas incluso comen antílope o avestruz a la parrilla.

A muchos sudafricanos les gusta pasar el Día del Patrimonio al aire libre haciendo *braai*.

Día de la Reconciliación

Desde hace muchos años, el 16 de diciembre ha sido un día importante en Sudáfrica. Ese día, la gente reflexiona sobre la reconciliación, que significa recuperar amistades y perdonarse unos a otros.

Esta reunión celebra la vida de Nelson Mandela, héroe nacional de Sudáfrica.

¿Sabías qué?
Nelson Mandela fue más que un presidente. Llevó a Sudáfrica al fin del apartheid y luchó para que las personas de todas las razas fueran tratadas con justicia e igualdad.

Nelson Mandela murió el 6 de diciembre de 2013. La gente en Sudáfrica y alrededor del mundo celebra a Mandela el 18 de julio de cada año, ya que es el día en el que nació.

La gente se esfuerza por perdonarse mutuamente por lo sucedido en el tiempo del apartheid. El Día de la Reconciliación de 2013, en los Edificios de la Unión fue develada una estatua de bronce de Nelson Mandela. Aquí es en donde Mandela fue **proclamado** como primer presidente electo de Sudáfrica después del apartheid.

Navidad y el Día de la Buena Voluntad

En Sudáfrica, la Navidad es un momento de celebración. Los días antes de Navidad, la gente cuelga guirnaldas y calcetas de las chimeneas, decora árboles navideños y compra regalos para la familia. Muchos niños esperan ansiosos la llegada de *Sinterklaas*, que significa Papá Noel en afrikáans. El día de Navidad, muchos cristianos celebran el nacimiento de Jesucristo asistiendo a la iglesia.

En Sudáfrica, la Navidad cae durante la temporada calurosa de verano. El periodo navideño también marca el final del año escolar, y entonces los niños toman vacaciones.

Muchas familias sudafricanas disfrutan una cena tradicional navideña que incluye carne asada, pavo, vegetales, pastel de carne y pudín de ciruela. Como es el verano, algunos organizan la comida navideña al aire libre, en vez de comer dentro de sus casas. Durante la tarde, las familias se divierten en parques o playas.

Al día después de la Navidad se le llama Día de la Buena Voluntad. Este es un día para recordar a los menos afortunados y pasar tiempo con familiares y amigos.

¿Sabías qué?
En Sudáfrica, el 26 de diciembre era conocido como *Boxing Day*. Después de que el apartheid terminara en 1994, fue renombrado como Día de la Buena Voluntad. Este cambio representó un nuevo comienzo para Sudáfrica y un alejamiento más de su pasado colonial.

Glosario

ancestros: Personas que estuvieron vivas hace mucho tiempo.

apartheid: Un sistema del gobierno de Sudáfrica que separaba a las personas según el color de su piel.

colonial: Se refiere al periodo en el que muchos países pertenecían o eran gobernados por los monarcas británicos.

democrática: Que pertenece a un sistema de gobierno en el que todas las personas tienen el poder de votar y tomar decisiones.

derechos humanos: Derechos básicos que todas las personas deben tener.

diversos: Que tienen o demuestran una gran variedad.

multicultural: Formado por varios grupos culturales o étnicos.

patrimonio: Cosas adquiridas en el pasado que se transmitieron de generaciones anteriores.

proclamado: Se refiere a que fue declarado el inicio de un cargo especial.

protesta: Un acto para oponerse o decir que no se está de acuerdo con algo o mostrar desaprobación.

raza: Un grupo de personas que comparte la misma cultura, historia, idioma y rasgos físicos.

resurrección: Regresar a la vida después de la muerte.

Índice analítico

apartheid: 6, 7, 12, 13, 17, 19, 21, 23, 24, 28, 29, 31

Ciudad del Cabo: 4, 10, 11, 14

ceremonias: 17, 25

democrática: 16

derechos humanos: 6, 12, 13

estudiantes: 18, 26

festival(es): 5, 10, 22, 23

libertad: 16, 17

Mandela, Nelson: 17, 28, 29

Montaña de la Mesa: 10, 11, 14

patrimonio: 26, 27

protesta(ban, r, s): 12, 18, 19, 21, 24, 25

reconciliación: 28, 29

Sharpeville: 12, 13

trabajadores: 20, 21